Ernst Ferstl

Nachdenken macht nachdenklich

Aphorismen

FSC
www.fsc.org
MIX
Papier aus ver-
antwortungsvollen
Quellen
Paper from
responsible sources
FSC® C105338

© 2024 Ernst Ferstl

Herstellung und Verlag: BoD – Books on Demand,
Norderstedt, 2024

ISBN: 9783758325434

Copyright Aphorismen: Ernst Ferstl
www.gedanken.at

Layout: Angelika Ferstl

Fürs Weiterkommen

brauchen wir einen Weg,

fürs Ankommen ein Ziel.

. . .

Glückliche Tage

sind ein Geschenk,

das man nicht hoch genug

schätzen kann.

. . .

Wer dankbar ist,

kann nicht gleichzeitig

unzufrieden sein.

. . .

Wer vorausdenkt,

kann anderen

etwas zum Nachdenken geben.

Wer weiß,

was man nicht braucht,

braucht weniger.

. . .

Jeder Mensch

ist eine Welt für sich.

. . .

Wer einen guten Riecher hat,

lässt sich nicht

an der Nase herumführen.

. . .

Schaut man genauer hin,

sieht man, dass sich hinter

vielen Ansichten

bestimmte Absichten verbergen.

Wer immer

mit der Zeit gehen will,

muss immer nach der Uhr leben.

· · ·

Den glücklichen Zufall

gibt es nicht im Abo.

· · ·

Wir können etwas schönreden,

wir können aber auch

etwas schönhören.

· · ·

Manche Leute

sind so schlechte Zuhörer,

dass es eigentlich egal ist,

was man ihnen sagt.

Wer nicht hinter seiner eigenen
Meinung steht, will anderen
etwas vortäuschen.

. . .

Es gibt viele Wege,
um einem Ziel auszuweichen.

. . .

Die gleichmäßige Verteilung
der Dummheit auf alle Länder
der Welt nennt man
Globalisierung, oder?

. . .

Auf dem Weg des geringsten
Widerstandes hat die Geradlinigkeit
immer Nachrang.

Den meisten Scheinheiligen

sind die Scheine viel wichtiger

als das Heilige.

. . .

Wo reiner Wein eingeschenkt wird,

wird einem nichts geschenkt.

. . .

Viele, die von uns

einen Korb bekommen,

freuen sich gar nicht

über dieses Geschenk.

. . .

Ausgerechnet Leute mit einem

leeren Kopf nehmen den Mund

oft viel zu voll.

Halbbildung gibt sich

mit Halbwahrheiten

ganz zufrieden.

. . .

Selbst die Selbstbeherrschung

muss man üben.

. . .

Um anderen die Stirn

bieten zu können,

braucht man nicht Kopf -

sondern Köpfchen.

. . .

Ein schlechtes Gewissen

kann ein guter Ratgeber sein.

Wenn jeder zu einer Sache

seinen Senf dazugibt,

wird sie ungenießbar.

· · ·

Der Stillstand ist besser

als sein Ruf.

· · ·

Will uns jemand immer wieder

Worte in den Mund legen,

hat man schnell

die Schnauze voll.

· · ·

Wer ein Urvertrauen hat,

kann leichter loslassen.

Gelegentlich sieht man

den Weg

vor lauter Steinen nicht.

. . .

Geisterfahrer

lassen sich ungern

überholen.

. . .

Wer aufs Ganze gehen will,

sollte sich nicht gehen lassen.

. . .

Die ein dickes Fell haben,

lieben den Mantel

des Schweigens.

Irgendwann:

Ein Zeit-Wort

ohne Zeit-Angabe.

. . .

Das Mittelmaß

heiligt alle Mittel.

. . .

Jeder Eingang kann

zu einem Ausgang werden.

. . .

Die Klimaerwärmung

ist ein Problem,

das wir nicht

auf Eis legen sollten.

Gute Verlierer

werden nicht geehrt.

. . .

Herzlichkeit ist das,

was einen Menschen

liebenswert macht.

. . .

Es gibt Grenzen,

die uns gesetzt werden -

und Grenzen, die wir uns

selbst setzen.

. . .

Die eigene Meinung

über sich selbst ist wichtiger,

als viele meinen.

Was wir verschweigen,

bleibt unerhört.

. . .

Nicht alle Geschenke

treffen unseren Geschmack -

manche schießen weit daneben.

. . .

Mit Menschen,

die einem wirklich zuhören,

sollte man

vorsichtiger sprechen.

. . .

Angsthasen

haben immer

genug Fersengeld mit dabei.

Wer anderen

nicht hinterher rennt,

hat mehr Zeit für sich selbst.

. . .

Sich über dumme Menschen

nicht zu ärgern,

ist eine gescheite Entscheidung.

. . .

Die sich in Sicherheit wiegen,

lassen sich leichter

verschaukeln.

. . .

Für Schubladen

braucht man kein Edelholz.

Wo es drunter und drüber geht,

geht nicht alles

mit rechten Dingen zu.

. . .

Wo die Dummheit reinkommt,

kommt nichts Gescheites

heraus.

. . .

Die Folgen

geistiger Unterernährung

werden von vielen unterschätzt.

. . .

Auch was durch die Blume

gesagt wird, kann gelogen sein.

Menschlichkeit

ist eine persönliche Sache,

aber keine Privatsache.

. . .

Von der Reise nach innen

kehrt man oft

mit neuen Einsichten zurück.

. . .

Die Natur lehrt uns,

dass alles seine Zeit hat

und alles seine Zeit braucht.

. . .

Wer glaubt,

alles verstehen zu können,

hat wenig verstanden.

Auch was uns

zu Ohren kommt,

kann uns die Augen öffnen.

· · ·

Ein ernstes Problem:

Auch die keinen Humor haben,

wollen etwas zum Lachen haben.

· · ·

Was man zerreden kann,

muss man nicht mehr

verschweigen.

· · ·

Mit einem guten Gedächtnis

merkt man sich besser,

was man vergessen wollte.

Wer sich langweilt,

sollte wenigstens die anderen

damit in Ruhe lassen.

. . .

Brücken sind keine

Einbahnstraßen.

. . .

Gelegentlich genügt

ein starkes Gefühl,

um ein Gedankenchaos

auszulösen.

. . .

Wo man nichts zu sagen hat,

ist jedes Wort zu viel.

Zuschauen ist

bei den meisten Menschen

beliebter als zuhören.

. . .

Wer wenig zu lachen hat,

braucht viel Humor.

. . .

Wenn man andere

in der Hand hat,

kann man ihnen

leichter ein Bein stellen.

. . .

Auf das Ungesagte

wird viel zu wenig gehört.

Manche Abschiede

bemerken wir erst

viel zu spät.

. . .

Eine wichtige,

menschliche Maßeinheit:

mit Augenmaß.

. . .

Im Umgang mit Vorbildern

ist allzu viel Nachsicht

fehl am Platz.

. . .

Überfluss überschwemmt

die Genussfähigkeit.

Was lächerlich ist,

ist alles andere als lustig.

. . .

Die Worte mancher Leute

sind so glatt, dass ein Ausrutscher

nur eine Frage der Zeit ist.

. . .

In unserer oberflächlichen Welt

haben es Gedanken mit Tiefgang

besonders schwer,

an die Oberfläche zu kommen.

. . .

Was man sich denken kann,

muss man nicht wissen.

Freiheit heißt nicht,

dass wir uns alle Freiheiten

einfach nehmen können.

...

Begeisterung ist

eine ergiebige

Energiequelle.

...

Menschen mit guter Laune

sind meistens auch

guten Mutes.

...

Wer in sich geht,

kommt nachher besser

mit sich aus.

Wer nur auf den Weg schaut,

kann sein Ziel

aus den Augen verlieren.

. . .

Wie wir über einen Mitmenschen

denken und reden,

so sehen wir ihn auch.

. . .

Im Kreis zu gehen

ist keine gute Übung,

um im Leben besser

über die Runden zu kommen.

. . .

Geistige Wiederkäuer

sind Allesfresser.

Nächstenliebe heißt auch,

für Menschen da zu sein,

die man nicht liebt.

. . .

Man kann kein Gespräch

führen, wenn man sich

nichts zu sagen hat.

. . .

Wer auf der Strecke bleibt,

verläuft sich

wenigstens nicht.

. . .

Den Glauben,

dass man im Leben

nichts geschenkt bekommt,

kann man sich getrost schenken.

Will uns jemand ein Bein
stellen, sollten wir ihm sofort
auf die Zehen steigen.

. . .

Wer zu viel
auf seine Kappe nimmt,
muss mit Kopfschmerzen rechnen.

. . .

Auf einen Menschen zu fliegen,
beflügelt die Sehnsucht
nach Nähe.

. . .

Ist das Brett vor dem Kopf
bei manchen Leuten
eigentlich ein Kopfschutz oder
ein Kopfschmuck?

Wenn das Nachdenken
schwer fällt, sollte man
das Vordenken lieber
sein lassen.

. . .

Begeisterung kennt
keinen müden Geist.

. . .

Wer die Falschen fragt,
wird keine richtig guten Antworten
bekommen.

. . .

Wer den Weitblick
trainieren will,
muss das Naheliegende
übersehen.

Worte sind Wegweiser,

Taten sind Wege

und Ziele.

. . .

Eingebildete Gescheitheit

öffnet der Dummheit

Tür und Tor.

. . .

Jeder Mensch sollte sich

der Menschlichkeit und

der Menschenwürde

verpflichtet fühlen.

. . .

Mit kleinkariertem Denken

lässt sich nichts Großes

erreichen.

Wissbegierige sind immer

neugierig.

. . .

Das Selbstverständliche

wird selbstverständlich

viel zu selten

in Frage gestellt.

. . .

Umwege führen langsamer

zum Ziel, aber schneller

zu neuen Wegen.

. . .

Schweres lässt sich leichter

durch die Blume sagen.

Von jenen, die großzügig

im Nehmen sind, darf man sich

nicht viel erwarten.

. . .

Wer gescheiter werden will,

darf keine Angst

vor dem Scheitern haben.

. . .

Die gute alte Zeit

wird immer älter.

. . .

Wo wir uns geborgen fühlen,

können wir unseren Gefühlen

freien Lauf lassen.

Die geistig Langsamen

stehen schnell auf der Leitung.

...

Sobald man eine alte

Gewohnheit aufgibt,

warten schon zwei

neue Gewohnheiten auf uns.

...

Wer lieber austeilt,

hält nicht viel vom Teilen.

...

Vorsichtige Menschen

verstehen etwas

von der Kunst der Zurückhaltung.

Menschenkenntnis beginnt

mit der eigenen Person.

. . .

Vorbild für alle:

Die Natur gibt immer

ihr Bestes.

. . .

Menschen,

die auf uns zählen,

rechnen auch mit uns.

. . .

Geht man bis zum Äußersten,

ist man bereits

zu weit gegangen.

Wir müssen damit rechnen,

dass uns unberechenbare Menschen

einen Strich durch die Rechnung

machen.

...

Nachdenker sind als Nachbeter

ungeeignet.

...

Auch die

auf dem hohen Ross sitzen,

können sich vergaloppieren.

...

Anderen etwas lange nachzutragen,

ist auch eine Art

gelebte Nachhaltigkeit.

Wer eine Ansicht teilt,

sollte sich nicht

mit der Hälfte zufriedengeben.

. . .

Wer aus dem letzten Loch pfeift,

sollte nicht

den Ton angeben wollen.

. . .

Manche Fehler wiederholt man

nur deshalb, weil man

noch mehr daraus lernen möchte.

. . .

Das Schwierige

an einer Umkehr ist,

dass man die Kurve kriegt.

Erfahrungen sind Früchte
des Lebens und schmecken
nicht immer gut oder süß.

. . .

Gespräche
können Geschenke sein.

. . .

Was uns ins Auge fällt,
leuchtet uns ein.

. . .

Wer uns ein großes Lob
ausspricht, will uns länger
in Erinnerung bleiben.

Bei jeder Halbwahrheit

bleibt ein Stück Wahrheit

auf der Strecke.

. . .

Unterdrückte Tränen

fließen unterirdisch.

. . .

Ein froher Pessimist

ist noch lange kein Optimist.

. . .

Wo zu viel erlaubt ist,

gibt es viel zu wenig

Widerstand.

Mit jedem Lächeln

bekommt die Welt

ein schöneres Gesicht.

. . .

Bei allzu viel Einstimmigkeit

stimmt etwas nicht.

. . .

Wo sich Lügen

bezahlt machen,

ist die Wahrheit

nicht viel wert.

. . .

Viel zu viele Köpfe sind bereits

mit Hintergedanken und Vorurteilen

voll ausgefüllt.

Für die Natur

ist Überfluss

keine Verschwendung.

. . .

Steine können sich berühren,

aber nicht begreifen.

. . .

Unser Weg zeigt uns,

woher wir kommen -

und das Ziel zeigt uns,

wohin wir wollen.

. . .

Wer gegen den Strom schwimmt,

ist es gewohnt, dass ihm

das Wasser bis zum Hals steht.

Schreiben heißt auch,

das Lesen zwischen den Zeilen

zuzulassen und zu fördern.

...

Die Leere im Kopf

ist ein riesiger Freiraum

für Gedankenlosigkeiten.

...

Wer alles nimmt,

was er kriegen kann,

kriegt nie genug.

...

Vergreift sich jemand im Ton,

sollte man ihn

sofort zurückpfeifen.

Das Problem

mit der Nächstenliebe:

Viele üben viel zu wenig!

. . .

Es steht uns zu,

dass wir zu dem stehen,

was uns am Herzen liegt.

. . .

Geschulte Dummköpfe

halten sich für gebildet.

. . .

Wer sich nicht entscheiden kann,

könnte es ja mit einem

entschiedenen Vielleicht

versuchen.

Die auf dem hohen Ross sitzen,

haben ein Herz für hohe Tiere.

. . .

Wenn man viel vergisst,

muss man sich weniger merken.

. . .

Praktizierende Theoretiker

gibt es praktisch überall.

. . .

In der ersten Hälfte unseres Lebens

haben wir mehr Fragen

auf dem Herzen,

in der zweiten mehr Antworten.

Ändert sich die Gegenwart,

wird die Zukunft

eine andere.

...

Wer nichts

dem Zufall überlassen will,

muss alles selber machen.

...

Zum Thema Meinungsfreiheit

habe ich mehrere Meinungen.

...

Das Wunderbare

ist äußerst verwundbar.

Eine Berufung lässt sich

nicht einfach wechseln

wie ein Beruf.

. . .

Hektische Menschen

reagieren wie aufgezogen.

. . .

Auch wer glaubt,

alles in der Hand zu haben,

schaut gelegentlich

durch die Finger.

. . .

Dass alles Vor- und Nachteile hat,

macht alles noch schwieriger.

Was man verschläft,

braucht man nicht mehr

zu überschlafen.

. . .

Nichtdenker haben für alles

ihre Schubladen.

. . .

Die Lieblingsgeschwindigkeit

vieler Genießer:

schön langsam.

. . .

Was leicht

über die Lippen kommt,

ist nur schwer wieder einzufangen.

Vielen Optimisten mangelt es
einfach an Menschenkenntnis.

...

Wer die kleinen Alltagsfreuden
genießen kann, hat täglich
etwas zum Freuen.

...

Vorfreude verkürzt
die Zeit des Wartens.

...

Erfahrungen sind nie umsonst:
Manche machen uns reicher,
manche ärmer.

Für Lob sind mehr Menschen

empfänglich als für Kritik.

. . .

Bekannt zu sein ist gut,

anerkannt zu sein ist besser.

. . .

Ein glückliches Leben zu führen

heißt nicht, jeden Tag

glücklich zu sein.

. . .

Nicht alles,

was nicht gut ist,

ist schlecht.

Das größte Problem des Zeitgeistes
ist der Geist.

...

Wer Zeit gewinnen will,
hat keine Zeit zu verlieren.

...

Im Jammertal
sind die Aussichten
immer schlecht.

...

Auf manche Gedanken
kommt man ganz von allein,
für viele andere
braucht man einen Anstoß.

Die es gut mit uns meinen,

meinen es gelegentlich zu gut.

. . .

Wer mit der Gegenwart

sorgsam umgeht,

braucht sich über die Zukunft

keine großen Sorgen zu machen.

. . .

Manche Erfahrungen

sind eine Lernbelästigung.

. . .

Auch wer

seinen eigenen Weg geht,

kann sich verrennen.

Wer Wertschätzung erfährt,

sollte sich glücklich schätzen.

...

Zeitweise sieht man

ganz schön alt aus,

wenn man

mit der Zeit gehen will.

...

Die artgerechte Haltung

des inneren Schweinehundes

ist eine sauschwere Aufgabe.

...

Für mittelmäßige Menschen

ist das Mittelmaß

das Maß aller Dinge.

Wer Langeweile hat,

hat wenigstens viel Zeit.

. . .

Menschen,

denen nichts heilig ist,

brauchen trotzdem unbedingt

einen Heiligenschein.

. . .

Der erste Eindruck

ist immer eindrucksvoller

als der zweite.

. . .

Dass weniger mehr ist,

stimmt mehr oder weniger

immer.

Gute Laune ist Humor

von seiner besten Seite.

...

Menschen,

die nichts für uns

übrig haben,

traut man alles zu.

...

Wird man vom Leben

klein gemacht,

ist es alles andere als einfach,

Größe zu zeigen.

...

Was uns ergreift,

berührt uns innerlich.

Wo Geld die Welt regiert,

gibt es viele falsche Fünfziger.

...

Wo die schweigende Mehrheit

den Ton angibt,

hat die Vernunft

nicht viel zu sagen.

...

Männerlogik:

Frauen, die viel auf Händen

getragen werden, brauchen

weniger neue Schuhe.

...

Was nicht schiefgehen kann,

ist kein richtiges Abenteuer.

Von Ellbogenmenschen

darf man sich

kein Fingerspitzengefühl erwarten.

. . .

Die schönste Form

des Einander-Verstehens

ist die Herzlichkeit.

. . .

Auf die Macht der Gewohnheit

kann man sich für gewöhnlich

immer verlassen.

. . .

Voraussetzungen:

Kein Schatten ohne Licht,

keine Lüge ohne Wahrheit.

Wir sollten uns

nicht mehr Gedanken machen,

als wir ertragen können.

. . .

Menschliche Kälte

ist leichter auszuhalten,

wenn man abgehärtet ist.

. . .

Geistige Zwerge

sind anfällig

für Größenwahnvorstellungen.

. . .

Wer schlecht zuhört,

ist viel leichter

übers Ohr zu hauen.

Alleswisser

wissen alles,

aber nichts genau.

...

Was bleibt,

zählt mehr,

als was war.

...

Wer zu viel oder zu wenig gibt,

muss das Geben noch lernen.

...

Die Stille

kann zu uns sprechen,

ohne dass jemand

mithören kann.

Was uns

die Sprache verschlägt,

hat uns Wichtiges zu sagen.

. . .

Miteinander schweigen

fällt uns meistens schwerer

als miteinander reden.

. . .

Die alles besser wissen,

wollen nichts davon wissen,

dass vieles davon nicht stimmt.

. . .

Am Anfang war die Frage.

Die Antwort lässt noch

auf sich warten.

Ein Ausweg ist nur

eine vorübergehende Lösung.

. . .

Wo nichts in Frage

gestellt werden darf,

fragt man lieber nicht.

. . .

Außer uns Menschen

weiß zum Glück niemand,

dass wir vom Affen

abstammen.

. . .

Neuerdings ist vielen

der Heimatschutz wichtiger

als der Menschenschutz.

Berechnende Zeitgenossen

zählen nicht zu den beliebtesten.

• • •

Die Stille lässt

auch die Sprachlosigkeit

zu Wort kommen.

• • •

Jeder Traum

lässt uns erahnen,

was alles möglich wäre

und was uns blühen könnte.

• • •

Viele Gleichgültige

halten sich für besonders

tolerant.

Hartnäckige Vorurteile

haben lange Seilschaften.

. . .

Wer zu allem

Ja und Amen sagt,

ist für alles zu missbrauchen.

. . .

Für Durchschnittsmenschen

ist das Mittelmaß

das höchste der Gefühle.

. . .

Unsere Vornamen sagen mehr

über unsere Eltern aus

als über uns.

Feste und Feiern

sind Sprungbretter

auf dem Hindernislauf des Lebens.

. . .

Manche Erfahrungen

kosten uns viel mehr

als sie wert sind.

. . .

Was wir alles verschweigen,

sagt viel über uns aus.

. . .

Wer alles besser weiß,

kann nicht mehr behaupten,

von nichts gewusst zu haben.

Den größten Teil unseres Lebens
widmen wir den Kleinigkeiten.

...

Die Angst vor Nachteilen
fördert die Vorliebe
für Vorurteile.

...

Ist die Flucht nach vorne
verstellt, bleibt immer noch
die Flucht nach innen.

...

Unterschiedliche Meinungen
sind nicht dazu da,
gleichgebügelt zu werden.

Was zwischen den Zeilen steht,

ist oft nicht druckreif.

. . .

Wer die Geduld eines Menschen

überstrapaziert,

macht einen gefährlichen Reißtest.

. . .

Gemischte Gefühle

halten länger,

wenn wir sie auf Eis legen.

. . .

Es ist keine Kunst,

weit über seine Grenzen hinaus

unbekannt zu sein.

Wer aufrichtig ist,

darf auch unfreundlich sein.

. . .

In jedem schönen Garten

findet man Naturschätze.

. . .

In guten Beziehungen

ist Verständnis wichtiger

als Verstand.

. . .

Egal, wie voll der Kopf ist,

ein paar kleine Dummheiten

haben immer Platz.

Denkvermögen

ist geistiger Reichtum.

. . .

Tiefe Gedanken

reichen bis in Herznähe.

. . .

Dankbarkeit

ist der Schlüssel zur Zufriedenheit.

. . .

Wer seine Nächsten

in Nächstbessere und

Nächstschlechte einteilt,

hat mit der Nächstenliebe

andauernd Probleme.

Erlebnisse schenken uns

Erfahrungen.

. . .

Für viele ist Denken

eine reine

Gedankenverschwendung.

. . .

Das Wunder der Zeit

liegt im Augenblick.

. . .

Langeweile

ist immer auch

ein Zeichen von Leere.

Wer sich nicht für uns erwärmt,

erwärmt sich gegen uns.

. . .

Unter vier Augen

ändert sich die Sichtweise.

. . .

Tagesaufgabe:

Worüber schweigen wir heute?

. . .

In der Selbstverwirklichung

steckt die Gefahr,

dass man jemand anderer

werden könnte.

Wenn uns die Auswege

ausgehen,

bleibt immer noch die Einkehr.

· · ·

Wer auf die Pauke haut,

spielt nicht die erste Geige.

· · ·

Wenn der Weg

bereits das Ziel wäre,

bliebe der Weg auf der Strecke.

· · ·

Wer immer auf das Schlimmste

gefasst ist,

überschätzt das Böse.

Wegbereiter

haben immer ein Ziel

im Auge.

. . .

Der glückliche Zufall

kennt keine Adressen.

. . .

Wir haben

immer mehr zu tun,

weil wir immer mehr

nebenbei tun.

. . .

Wer gerne lebt,

lebt glücklicher.

Gelassene Menschen

können der Zeit

Zeit lassen.

...

Wollen und Können

sollten friedlich miteinander

leben können und wollen.

...

Zurücknehmen

können sich nur jene,

die sich beherrschen können.

...

Es ist der Pfeil,

der dem Bogen

Wert verleiht.

Ein blühender Garten

macht die Welt schöner,

bunter und wundervoller.

． ． ．

In schlechten Zeiten

ist guter Humor

lebenswichtig.

． ． ．

Wer sich vom Leben

zu viel oder zu wenig erwartet,

muss mit viel Unzufriedenheit

leben.

． ． ．

Nichtdenker denken

wenigstens nicht falsch.

Man gewöhnt sich an alles,

sogar an die Gewohnheiten

anderer.

. . .

Ist eine Doppelmoral

besser als gar keine?

. . .

Was in den Sternen steht,

ist für uns Erdbewohner

unleserlich.

. . .

Wer an die Zukunft denkt,

sollte die Nachhaltigkeit

vorrangig behandeln.

Die Toleranz

war immer schon

ein guter Freund der Vielfalt.

...

Wenn das Ziel weg ist,

war der Weg falsch.

...

Bei manchen Leuten

ist nicht einmal

ihre Schokoladenseite genießbar.

...

Die Ausrede,

keine Zeit zu haben,

ist zeitlos.

Auch was wir uns
bewusst nicht antun,
zählt zu unseren Taten.

. . .

Die immer
ihr eigenes Süppchen
kochen, wissen, was sie
damit anrichten.

. . .

Nichtstun schützt nicht
vor Fehlern.

. . .

Was man nicht versteht,
kann man immer noch
achten oder verachten.

Die Theorie scheitert oft

in der Praxis,

weil sie sich für gescheiter

hält.

. . .

Langeweile ist unwirtschaftlich:

Sie kostet viel zu viel Zeit.

. . .

Gegenseitige Sympathie

ist eine gute Basis

für eine anregende Freundschaft.

. . .

Gelegentlich ist die Einsamkeit

angenehmer

als die Vielsamkeit.

Fundamentalisten

haben fürs Denken

eine eigene Zwangsjacke.

. . .

Es gibt neue Wege,

aber keine neuen Richtungen.

. . .

Für Menschen,

die alles kaltlässt,

kann man sich nicht erwärmen.

. . .

Was wir befürchten,

fördert unseren Pessimismus,

was wir hoffen,

unseren Optimismus.

Wird die Gedankenlosigkeit

zur Gewohnheit,

ist sie nicht mehr

aufzuhalten.

...

Was wir lange verschweigen,

verstummt mit der Zeit.

...

Die Verwendung

allgemeiner Phrasen

ergibt noch keine eigene Meinung.

...

Loben ist nicht leicht:

Manchmal lobt man zu viel

und oft zu wenig.

Dass uns jemand

gestohlen bleiben kann,

ist kein strafbares Verhalten.

...

Manche Leute übertreiben gerne:

Sie verüben Nächstenliebe.

...

Von jenen, die sich von allem

raushalten wollen, weiß man nicht,

was man von ihnen halten soll.

...

Herzlichkeit

ist die edelste Form

der Menschlichkeit.

Wenn Herz und Kopf

nicht zusammenwirken,

sind wir herzlos oder kopflos.

. . .

Jede Überschwemmung

fängt mit ein paar Regentropfen an.

. . .

Je mehr einer Meinung sind,

desto weniger

haben eine eigene.

. . .

Wer immer tut,

was sich gehört,

gehört nicht zu den Selbstdenkern.

Lebendigkeit

ist ein Lebenszeichen.

...

Wer sich klein macht,

kann sich besser verstecken.

...

Wenn unsere Meinungen

nicht mehr

auseinander gehen dürfen,

läuft etwas schief

in unserer Gesellschaft.

...

Wo alles möglich ist,

ist nichts gut genug.

Zum Loben gehört mehr Größe

als zum Tadeln.

. . .

Toleranz braucht

Verstehen und Verständnis.

. . .

Wer von allen guten Geistern

verlassen ist,

kann sich immer noch

auf den Zeitgeist verlassen.

. . .

Wir sollten die Umweltprobleme

unter keinen Umständen

unter den Ölteppich kehren.

Wer gut zuhören kann,

gehört zu jenen,

mit denen man gerne redet.

...

Schwarzseher

halten nichts

von Schönfärberei.

...

Zu denken, was alle denken,

ist eine beliebte Form

der Denkfaulheit.

...

Das Unerreichbare

kann uns nicht nahe gehen.

Wer sich gehen lässt,

sollte sich nicht auch noch

fallen lassen.

...

Lieblosigkeit

ist eine Sünde

gegen die Liebe.

...

Wer in sich geht,

macht einen Besuch beim Ich.

...

An Wunder

glauben

nur gläubige Menschen.

Ein Plus an Menschenkenntnis

führt zu einem Minus

an menschlichen Enttäuschungen.

...

Auch ein Vielleicht

kann eine Fehlentscheidung sein.

...

Eine liebevolle Beziehung

macht auch das Alltägliche

wertvoll.

...

Was der Regen für die Erde,

ist die Zärtlichkeit

für die Liebe.

Herzlichkeit

ist die Visitenkarte

liebeswerter Menschen.

. . .

Wer seine Grenzen

nicht anerkennen will,

ist anfällig für Grenzverletzungen.

. . .

Krankheit ändert

den Wert der Dinge.

. . .

Wer in die falsche Richtung geht,

wird den zielführenden Weg

nie finden können.

Auch wenn man

das Leben genießt,

ist es nicht immer

ein Genuss.

...

Was auf der Hand liegt,

sollte man nicht

an den Haaren herbeiziehen.

...

Gemeinsamkeiten

sind nachhaltige Klebestoffe.

...

Wir hätten weniger Sorgen,

wenn wir uns mehr

um das Wichtige sorgen würden.

Wer die Welt

ohne Rücksicht auf Verluste

retten will, ist nicht zu retten.

. . .

Vergessliche Menschen

sind weniger nachtragend.

. . .

Das Nachmachen

ist eine leichte Übung,

weil es uns immer wieder

vorgemacht wird.

. . .

Es ist üblich,

dass man das Durchschnittliche

für normal hält.

Eine eigene Meinung

ist oft nur

ein persönliches Vorurteil.

. . .

Menschen,

denen es in erster Linie

um ihr Ansehen geht,

sieht man das gleich an.

. . .

Wer immer

auf die Uhr schaut,

kann die Zeit nicht genießen.

. . .

Was andere empfinden,

lässt sich nur ansatzweise

nachempfinden.

Dass man an das Gute

im Menschen glaubt,

bietet keine Garantie,

keine bösen Überraschungen

zu erleben.

. . .

Wo die Humorlosigkeit

den Ton angibt,

gibt es nichts zu lachen.

. . .

Wohlfühlort Liebe:

Eine Tankstelle, die auch

eine Dankstelle ist.

. . .

Pausen sind wunderbare

Zeitoasen.

Wer in den Himmel gelobt wird,

hat ausgespielt.

. . .

Für Umwege

braucht man

keine Wegweiser.

. . .

Wer immer nur das Gute

sehen will, muss oft ein Auge

oder beide Augen zudrücken.

. . .

Für Feindbilder genügen

zwei Farben:

Schwarz und Weiß.

Wer Gutes säen will,

braucht gutes Saatgut.

. . .

Auf hohem Niveau jammern,

das gelingt sogar

den geistigen Tieffliegern.

. . .

Auch Menschen,

die wir nur flüchtig kennen,

können bei uns

Spuren hinterlassen.

. . .

Wenigdenker leben

an der Gedankenarmutsgrenze.

Es wird viel mehr

totgeschwiegen,

als tabu ist.

...

Wer oft Pech hat,

ist mit Sorgen

überversorgt.

...

Von denen, die bereits

beim Klein-Beigeben

große Probleme haben,

darf man sich keine

Großzügigkeit erwarten.

...

Auf den Verzicht zu verzichten,

ist eine relativ leichte Übung.

Wer einen Standpunkt

vertreten will,

sollte auch einen haben.

. . .

Wer das Leben satt hat,

hat den Appetit darauf

verloren.

. . .

Wird man zu einer Feier

eingeladen, sollte man

neben einem Geschenk

auch einiges an Zeit

mitbringen.

. . .

Wer den Ton angibt,

hat auch das letzte Wort.

Es gehört Mut dazu,

für andere eine Zumutung

zu sein.

...

Die Gunst der Stunde

dauert oft

nur ein paar Minuten.

...

Beim Suchen

sollten wir uns nicht

von zufälligen Funden

stören lassen.

...

Ein wichtiger Teil

unserer Menschlichkeit

ist die Hilfsbereitschaft.

Wer sich gut kennt,

kann mit seinen Grenzen

besser umgehen.

· · ·

Wer aus dem Takt ist,

kann leichter

aus der Reihe tanzen.

· · ·

Weil wir zu wenig schätzen,

was wir haben,

überschätzen wir,

was wir nicht haben.

· · ·

Was uns

die Sprache verschlägt,

ist nicht in Worte zu fassen.

Wer nichts zu sagen hat,

sollte das lieber

für sich behalten.

...

Der glückliche Zufall

bleibt oft weit

unter seinen Möglichkeiten.

...

Der Weg zum Erfolg

beginnt mit einem Ziel.

...

Gegensätze

sind nicht dazu da,

ausgeglichen zu werden.

Mit einer Doppelmoral

lässt sich vieles

leichter verbergen.

. . .

Andere zu täuschen

gelingt leichter

als sich selbst.

. . .

Sensibilität

hat eine dünne Haut.

. . .

Denker

sind in ihren Köpfen

zu Hause.

Manche Grenzen erkennt
man erst, wenn man sie
überschritten hat.

. . .

Ihrem Un-Vermögen nach
sind manche Leute
ziemlich reich.

. . .

Bewunderung
ist Anerkennung
auf hohem Niveau.

. . .

Die Welt, in der wir leben,
ist für alle die gleiche,
aber nicht dieselbe.

Zweckbeziehungen

sind Freundschaften

bis auf Widerruf.

. . .

Das Gewissen

hat ein viel zu gutes

Gedächtnis.

. . .

Zweiseitige Liebe

wirkt anziehend,

eine einseitige

abstoßend.

. . .

Wir wissen mehr,

als wir zu wissen glauben.

Wir sollten uns nicht nur

mit dem beschäftigen,

was uns gerade beschäftigt.

. . .

Liebgewonnene Gewohnheiten

lieben ihre Sklaven.

. . .

Kann man sich

bei vorsichtigen Zeitgenossen

jegliche Rücksicht sparen?

. . .

Wenn man sich

nichts zu sagen hat,

redet man am besten

aneinander vorbei.

Recht bekommen

ist weniger wichtig

als Recht haben.

· · ·

Ein großes Glück

sollten wir so aufteilen,

dass viele etwas davon haben.

· · ·

Zeit, die wir uns nehmen,

kann uns nicht mehr

gestohlen werden.

· · ·

Leute, die gern

über andere herziehen,

sind gern unter sich.

Dankbarkeit

ist der Schlüssel

zur Zufriedenheit.

. . .

Wer viele kleine Probleme

in seinem Leben hat,

erspart sich möglicherweise

ein paar größere.

. . .

Wenn die Zeit reif ist,

geht vieles schneller

und leichter.

. . .

Dummköpfe lassen sich

nicht einfach umschulen.

Schwarz-Weiß Denker

sehen schwarz, weiß

und rot.

. . .

Ein Lächeln ist

ein schöner und guter Anfang,

aber es macht noch

keine Freundschaft.

. . .

Was wir nicht verarbeiten können,

beschäftigt uns viel länger,

als wir es gerne hätten.

. . .

Das Leben ist menschlich,

die Liebe göttlich.

Menschen,

die man nicht ausstehen kann,

sollte man einfach sitzen

oder links liegen lassen.

...

Gleiches Unrecht für alle

wäre kein Fort-,

sondern ein Rückschritt.

...

Wege,

die zu keinem Ziel führen,

brauchen keine Wegweiser.

...

Was ausgesprochen wichtig ist,

sollten wir nicht verschweigen.

Wenn wir die Klimaerwärmung

dem Fortschritt verdanken,

sollten wir uns für einen Rückschritt

erwärmen.

. . .

Wer nie

eine zündende Idee hat,

denkt auf Sparflamme.

. . .

Berechnende Zeitgenossen

rechnen auch damit,

dass sie nicht berechenbar sind.

. . .

Begeisterung allein

ist noch keine Leistung.

Manches ist leichter

gesagt als gedacht.

. . .

Für das, was Spaß macht,

braucht man

gar keinen Humor.

. . .

Es gibt immer mehr

neue Fragen,

aber immer weniger

neue Antworten.

. . .

Für das, was man sich wünscht

und nicht bekommt,

lässt jegliche Dankbarkeit

zu wünschen übrig.

Abwarten schützt nicht

vor Veränderungen.

. . .

Wer mit dem Herzen

sehen kann,

sieht mehr.

. . .

Der Dummheit

ist es egal,

von welcher Seite sie

Beifall bekommt.

. . .

Die uns etwas

anhängen wollen,

sollten wir einfach

abblitzen lassen.

Katzen und Hunde sind

die besten Menschenversteher.

...

Was sich von selbst versteht,

muss man gar nicht verstehen.

...

Wer mit seinem Latein

am Ende ist, kann es ja

mit Esperanto versuchen.

...

Lebenskünstler

können ihr Leben

auch in leeren Zügen

genießen.

Wenn man den Laufpass erhält,

ist irgendetwas schiefgelaufen.

. . .

Wer Fersengeld gibt,

bekommt keine kalten Füße.

. . .

Die leichte Schulter

ist für schwere Lasten

ungeeignet.

. . .

Wo die Kleinkariertheit

groß in Mode ist,

gehört das Schubladendenken

zur täglichen Arbeit.

Die Natur hat ein

besseres Immunsystem

als wir Menschen.

. . .

Es ist nicht gut,

immer nur gut zu sein.

. . .

Von den Fehlern,

auf die man stolz ist,

will man nichts lernen.

. . .

Wer stark ist,

braucht seine Schwächen

nicht zu verstecken.

Wer nur tut,

was leicht geht,

macht es sich zu leicht.

· · ·

Der Geschmack des Zeitgeistes

heißt Mode.

· · ·

Ein guter Mensch braucht

ein warmes Herz

und einen kühlen Kopf.

· · ·

Will man reinen Tisch machen,

sollte man nichts

unter den Tisch fallen lassen.

Wer seinen eigenen Weg

geht, muss gelegentlich

auch durch unwegsames Gebiet.

. . .

Wenigstens zeitweise

sollten wir unsere guten Seiten

aufblitzen lassen.

. . .

Wo wir uns daheim fühlen,

ist ein Stück Himmel auf Erden.

. . .

Wer das letzte Wort hat,

steht in punkto Verantwortung

in der ersten Reihe.

Unsere Zeit ist so schnelllebig,

dass für längere Pausen

keine Zeit mehr bleibt.

. . .

Was wir tun,

sagt den anderen oft viel mehr,

als wir sagen.

. . .

Wer nichts im Kopf hat,

ist für alles Kopflose offen.

. . .

Die Geduld sollten wir

lieber nicht verlieren -

es ist unheimlich schwer,

Ersatz dafür zu finden.

Schule des Lebens:

Manches muss man

immer wieder neu lernen.

...

Unsere Gefühle

gehen uns näher

als unsere Gedanken.

...

Menschen, die nur an sich

interessiert sind,

sind für andere

nicht interessant.

...

Am Ziel,

das Klima zu schonen,

führt kein Weg vorbei.

Was wirklich zählt

in unserem Leben,

rechnet sich oft gar nicht.

. . .

Wer glaubt,

alles zu wissen,

muss noch viel lernen.

. . .

Wer immer mit der Zeit

gehen will,

dem läuft sie irgendwann

davon.

. . .

Das Nachdenken

geht leichter

als das Nachfühlen.

Was sich gehört,

wird oft und gern

überhört.

. . .

Wo ein Weg hinführt,

führt auch einer weg.

. . .

Dass wir anders Denkende

oft nicht verstehen,

versteht sich von selbst.

. . .

Eintagsfliegen sollten wir

wenigstens einen Tag lang

in Ruhe lassen.

Was wir für Geld machen,

hat einen andern Stellenwert

als was wir gegen Geld tun.

. . .

Wer auf der Strecke bleibt,

hat kein Ziel mehr vor Augen.

. . .

Die Welt verändert sich

auch durch das,

was nicht getan wird.

. . .

Manchmal müssen wir

aufhören,

bevor wir fertig sind.

Die wirklich hinter uns stehen,

stellen sich - wenn notwendig -

auch vor uns.

. . .

Wenn uns Leute ohne Geist

auf den Geist gehen,

geht es rund.

. . .

Ein gutes Wort

am richtigen Ort

und zur rechten Zeit

ist eine Kostbarkeit.

. . .

Ein offenes Herz ist kein

Selbstbedienungsladen.

Auch die uns zurückhalten,

können uns manchmal

weiterbringen.

. . .

Es ist ein großer Unterschied,

ob wir fertig sind

oder fix und fertig.

. . .

Gehen Herz und Hirn

Hand in Hand,

hat alles im Leben

Hand und Fuß.

. . .

Viele Ratschläge

haben Bumerang-Potential.

Ein einsames Herz

ist leichter zu ertragen

als ein gebrochenes.

...

In der dritten Hälfte des Lebens

muss man mit allem rechnen.

...

Große Worte leiden

an Übergewicht.

...

Manche Fragen stellen wir

einfach deshalb nicht,

weil wir uns vor den Antworten

fürchten.

In schlechter Gesellschaft

fällt es gar nicht auf,

wenn man sich gehen lässt.

...

Wer zu sich kommt,

hat ein Bleiberecht.

...

Wer hinter dem Mond lebt,

braucht keine Sonnencreme.

...

Bei den Besserwissern

weiß ein jeder alles besser

als der andere.

Wer weiß,

welche Wege

man sich sparen kann,

erreicht seine Ziele schneller.

. . .

Die Stille kann manchmal

ganz schön laut werden.

. . .

Wer für jede Enttäuschung

eine Hoffnung in Reserve hat,

kann hoffnungsfroh

in die Zukunft blicken.

. . .

Wer alles positiv sieht,

will nicht alles sehen.

Was einem schwer

im Magen liegt,

kommt einem nicht leicht

über die Lippen.

. . .

Wer sich verrennt,

hat sich meistens

bereits verlaufen.

. . .

Die Macht unserer Gewohnheiten

wird für gewöhnlich

sträflich unterschätzt.

. . .

Wer nachdenkt,

wird nachdenklich.

ERNST FERSTL SPRUCH-KLASSIKER:

Zeit, die wir uns nehmen,

ist Zeit, die uns etwas gibt.

Gerade weil wir alle

in einem Boot sitzen, sollten wir

froh darüber sein, dass nicht alle

auf unserer Seite stehen.

Die mit Abstand

beste Nerven-Heil-Anstalt

ist die freie Natur.

Das Gute fängt im Kopf an,

das Beste im Herzen.

Anders Denkende sind oft

ganz anders als wir denken.

AKTUELLE ERNST FERSTL BÜCHER:

2015: "**Punktgenau**", BOD

2017: "**Wenn ein Wort sitzt,
kann man es stehen lassen**", Bellaprint V.

2018: "**Andenken**", BOD

2018: "**Denkwege**", BOD

2019: "**Denkworte**", BOD

2019: "**Übrigens**", BOD

2020: "**Standpunkte**", BOD

2020: "**Sozusagen**", BOD

2021: "**Randnotizen**", BOD

2021: "**Ansätze**", BOD

2022: "**Unter uns gesagt**", BOD

2022: "**Wahrnehmungen**", BOD

2023: "**Bedenkzeit**", BOD

AKTUELLE GEDICHTBÄNDE:

2015: "**Herznah**", BOD

2018: "**Zusammen sind wir herzzerreißend**", BOD

2020: "**Herztöne**", BOD

2022: "**Herztöne - Band 2**", BOD

ERNST FERSTL

Der 1955 in Niederösterreich
geborene Dichter und Denker
nimmt sich jeden Tag Bedenkzeit.

In dieser schreibt er seine Gedanken auf,
mitten aus dem Leben heraus,
mit Hirn, Herz und Humor.

So entstehen Aphorismen, Sprüche,
Lebensweisheiten, Gedichte und Kurztexte.

Ferstls Sprache kann als sensibel und einfühlsam
bezeichnet werden, er versucht seine Eindrücke
in einer verständlichen und einfachen Sprache
auszudrücken. Seine Werke bringen Gedanken und
Gefühle auf den Punkt.

Er hat bisher mehr als 35 Bücher
in österreichischen und deutschen Verlagen
veröffentlicht. Beruflich war er 40 Jahre
Hauptschullehrer, in Pension.

Infos über den Autor und seine Bücher:
www.gedanken.at

Kontakt: ernstferstl@aon.at